PANÉGYRIQUE

DE

SAINTE EULALIE DE MÉRIDA

VIERGE ET MARTYRE (303)

PRONONCÉ PAR

L'Abbé LARRE, Aumônier

En vente à Bayonne chez M. L. Lasserre
40 cent.

BAYONNE

IMPRIMERIE ET LIBRAIRIE L. LASSERRE, RUE GAMBETTA, 20

—

1904

PANÉGYRIQUE

DE

SAINTE EULALIE DE MÉRIDA

VIERGE ET MARTYRE (303)

PRONONCÉ PAR

L'Abbé LARRE, Aumônier (?)

En vente à Bayonne chez M. L. LASSERRE

40 cent.

BAYONNE

IMPRIMERIE ET LIBRAIRIE L. LASSERRE, RUE GAMBETTA, 20

—

1904

PANÉGYRIQUE

DE

SAINTE EULALIE DE MÉRIDA

VIERGE ET MARTYRE

Sancta Eulalia, virgo et martyr.
Sainte Eulalie, vierge et martyre.

Mes Très Chers Frères,

Sainte Eulalie, votre patronne, dont nous célébrons en ce jour la fête anniversaire, a uni dans sa personne deux des plus éminentes vertus du Christianisme : la virginité et le martyre.

Ce sont deux vertus surnaturelles, puisque nous ne pouvons y atteindre sans la grâce divine, et deux vertus multiples, car elles réclament nécessairement, les deux, le concours de quelques autres vertus secondaires, pour naître, grandir et se conserver. La virginité est-elle possible, si elle ne procède de l'humilité, de la tempérance, de la sagesse? et le martyre n'a-t-il pas pour fondement essentiel le mépris des biens éphémères, le courage, la force, la grandeur d'âme et la charité? D'où il faut conclure que les mérites de ces deux vertus sont proportionnés au nombre, à l'éclat des vertus d'ordre inférieur qu'elles impliquent, non moins qu'aux rudes et nombreux assauts qu'elles ont à soutenir : la virginité, contre la concupiscence de la chair, et le martyre, contre l'amour de la vie, si profondément enraciné dans nos cœurs.

Vous vous demandez peut-être si ces deux vertus sont égales, si l'une ne surpasse pas l'autre par sa valeur intrinsèque et absolue? N'est-il pas évident que le martyre l'emporte sur la virginité, attendu qu'il émane directement de la charité, qui est la reine des vertus intellectuelles, morales et théologales, la reine de toutes les vertus, et qu'il lui emprunte, dans l'ordre hiérarchique, sa prééminence incomparable, sa primauté, n'étant lui-même, au fond, qu'un acte de charité écrit sur les œuvres de Dieu avec le sang de l'homme? Est-il permis d'en déduire que la virginité ne brille pas comme un astre parmi les vertus morales; qu'elle ne provoque pas, par sa splendeur immaculée, ainsi que l'attestent les Saints Livres, l'admiration de Dieu et des hommes, et qu'elle n'assurera pas après cette vie à ceux qui l'auront pratiquée sur la terre le privilège de chanter un cantique nouveau, à la suite de l'Agneau sans tache et devant le trône de Dieu, dans l'éternité bienheureuse, suivant le témoignage énoncé par saint Jean dans l'*Apocalypse?* O Virginité, quelle n'est pas votre beauté, car c'est elle qui a attiré le Verbe incréé dans le chaste sein de la Vierge Mère! O Martyre, ô Virginité, quel que soit votre rayonnement, notre chère Patronne n'a-t-elle pas, pour ainsi dire, rehaussé votre prestige en consacrant son alliance avec l'une dès sa plus tendre enfance, avec l'autre, dans sa treizième année?

O virginité, ô martyre de la bienheureuse Eulalie, je me propose dans ce discours d'expliquer d'abord votre genèse, en insistant particulièrement sur l'instruction et l'éducation vraiment chrétiennes que reçut de ses parents notre protectrice céleste, notre parfait modèle, et qui la décidèrent, sous l'impulsion de la grâce divine, à se consacrer à vous; puis je détaillerai les circonstances de son martyre.

O Jésus, divin Époux des Vierges et Roi des Martyrs, aidez-nous à retirer quelque fruit de l'étude que nous allons entreprendre; nous vous en conjurons par l'intercession de votre digne Mère, la très pure Vierge Marie!

Naissance d'Eulalie et son instruction primaire

Il y avait trois cents ans que Jésus-Christ, le Messie promis, le Fils unique et éternel de Dieu le Père et Dieu lui-même, après avoir été conçu, par l'opération du Saint-Esprit, dans le sein de la Vierge Marie, et être né, en tant que Dieu et homme, dans l'humble étable de Bethléem, avait reçu, à ce titre, d'abord l'hommage de l'adoration des bergers des alentours, et ensuite les présents des Rois Mages venus de l'Orient : l'or, l'encens et la myrrhe, qui étaient, à la fois, la triple confession de sa divinité, de son humanité et de sa royauté. Et deux cent soixante-sept années s'étaient écoulées depuis que le Christ Jésus, après sa mort ignominieuse, si promptement suivie de sa glorieuse Résurrection, avait dit à ses Apôtres réunis avant de monter au ciel : « *Data est mihi omnis potestas in cœlo et in terra*, etc. Toute puissance m'a été donnée dans le ciel et sur la terre. Allez donc, enseignez toutes les nations, les baptisant au nom du Père, du Fils, et du Saint-Esprit, et leur apprenant à observer tout ce que je vous ai commandé. Et voici que je suis avec vous, tous les jours, jusqu'à la consommation des siècles. »

Durant ce laps de temps relativement court, notre sainte Religion s'était répandue à travers l'Asie, l'Afrique et l'Europe, sans se laisser arrêter, dans sa marche victorieuse, ni par la longueur et les difficultés de la distance, ni par la multitude des langues et des nationalités, ni par l'hostilité des lois et des mœurs, ni par le culte des idoles, ni par la corruption générale et les pires erreurs; en trois siècles, elle avait couru de l'Orient en Occident, sans appeler à son aide ni les séductions des artistes, ni les fictions des poètes, ni l'éloquence des rhéteurs, ni les subtilités des philosophes, ni les honneurs, ni les dignités, ni les richesses, ni les ressources de la force et de la puissance, rien qu'une croix de bois ensanglantée et quelques vertus austères dont le nom seul suffisait à jeter l'épouvante dans la conscience des païens! Et cependant, malgré tant d'obstacles et un dénuement si complet, la Religion chrétienne avait conquis, en un temps limité, et l'Inde, et la Perse, et la Syrie, l'Asie-Mineure et l'Égypte, la Grèce et l'Italie, et la Gaule et l'Espagne, tout l'univers alors connu et civilisé. Une si rapide et si merveilleuse propagation de l'Évangile, humainement inexplicable, ne prouve-t-elle pas évidemment la divinité du Christianisme et la divinité de son fondateur Jésus-Christ?

Après cette digression utile, sinon nécessaire, pour montrer que l'Espagne, la patrie d'Eulalie, n'avait pas plus fermé ses portes que les autres contrées à une Religion qui semblait dévorer l'espace sous le souffle du Saint-Esprit, revenons à notre sujet.

Eulalie, votre future Patronne, naquit au Sud-Ouest de l'Espagne, dans la ville déjà chrétienne de Mérida, de parents aussi remarquables par la vivacité de leur foi que par la noblesse de leur extraction. On ne voyait dans leur confortable habitation ni statues, ni tableaux indécents, ni dans leur bibliothèque des livres où les bonnes mœurs ne fussent pas respectées, ni dans leur personnel un serviteur qui ne recommandât par une conduite régulière la sincérité de ses convictions. Ils avaient, sur tous ces points, des idées arrêtées, et n'auraient pas cru, en agissant autrement, se conformer à la morale évangélique dont ils faisaient profession.

Ils témoignaient de la fidélité la plus exacte dans l'accomplissement de leurs dévotions privées, ainsi que dans l'assistance aux offices liturgiques; et comme ils relevaient leurs pratiques religieuses par l'exercice des plus hautes vertus, ils étaient cités partout comme des saints. L'on conçoit que dans une vie si parfaite, et parmi les lumières abondantes dont ils étaient favorisés, ils aient eu une conception fort exacte de leur devoir envers l'enfant que Dieu leur accordait dans sa miséricordieuse bonté. Dès qu'elle eut atteint l'âge de raison, ils lui choisirent pour maître, non un païen lettré, qui aurait pu compromettre sa foi, ni un chrétien demeuré, malgré son baptème, superficiel et léger; mais un Prêtre selon le cœur de Dieu, d'une intelligence ouverte, d'un esprit solide, d'une imagination réglée, un homme docte et pieux, en même temps; il s'appelait Donat.

Parents chrétiens, quand le Tout-Puissant daigne vous envoyer sous l'enveloppe d'un corps fragile, pour illuminer d'un rayon de bonheur l'intimité de votre foyer, une ou plusieurs de ces âmes immortelles qu'il a, seul, la faculté de créer, sachez qu'il vous impose la tâche d'en faire, par l'éducation et l'instruction, non seulement des hommes utiles à leurs semblables, mais encore des exemplaires humains de l'idéal divin, Jésus-Christ, et des citoyens du ciel. Tel est le but que Dieu vous assigne, et que vous devez poursuivre par des moyens en rapport avec ce but.

Le précepteur d'Eulalie, quoique revêtu du sacerdoce, n'eut garde de la frustrer de l'initiation aux sciences élémentaires, sous le prétexte qu'elles ne se rapportent pas directement à Dieu et n'émanent pas de la révélation. Ces sciences, aussi bien que les sciences révélées, n'ont-elles pas Dieu pour principe et ne servent-elles pas de préparation à l'étude des sciences qui ont pour objet Dieu, ses attributs et ses œuvres? Ne fallait-il pas mettre la fille de Libère en état de figurer convenablement, par son savoir, dans la société aristocratique à laquelle elle appartenait par sa naissance, sans attirer à la Religion, qui lui avait versé sur la tête l'eau régénératrice du baptème, le reproche immérité d'être l'ennemie des lumières et du progrès?

Il y a, d'ailleurs, un moyen certain de préserver l'enseignement des sciences naturelles du grief principalement formulé contre lui par l'orthodoxie chrétienne, et qui consiste dans la neutralité scolaire. Savez-vous, Mes très chers Frères, que cette neutralité n'est qu'un athéisme déguisé, qui raye des manuels jusqu'au nom de Dieu perfidement, et qu'en détruisant peu à peu dans l'enfant l'amour du bien et l'horreur du mal, l'amour de l'obéissance et de la discipline, elle amène par degrés, fatalement, la perversion de l'individu, de la société et de la famille? Jugez par là du soin que prit le saint précepteur Donat pour écarter de son élève une méthode d'enseignement aussi pestilentielle, lorsqu'il entreprit la tâche de lui apprendre la lecture, l'écriture, l'histoire et les autres sciences admises dans les établissements primaires. Il ne se contenta pas de placer le commencement, le milieu et la fin de chaque leçon sous les auspices de la prière. Dans les exercices d'orthographe et de style, qui succédaient aux exercices de mémoire, il glissait fréquemment le nom de Dieu, avec des réflexions relatives à sa toute puissance, à sa sainteté, à sa bonté ou à sa justice; et quand la terre ou la mer et les astres appelaient des explications sommaires et aussi plausibles que le permettaient les bégaiements de la science ancienne, n'indiquait-il pas religieusement la main de Dieu toujours active et opérant partout des merveilles? C'était la christianisation de l'école dans son premier essai; Donat résolut de la parfaire en donnant, au cours de l'œuvre commencée, une part prépondérante à la science sacrée? N'est-elle pas de toutes les sciences la plus certaine, la plus importante, la plus belle, la plus haute, la plus profonde et la plus étendue? N'avait-elle pas les préférences du maître, de l'élève et de son père? en sorte que les trois convinrent qu'elle l'apprendrait, dans son fond, sa structure intime, et dans ses développements harmonieux, à travers les temps.

L'instruction religieuse d'Eulalie

Après l'avoir pénétrée de l'existence d'un Dieu unique, créateur du ciel et de la terre, comme aussi de la fausseté des divinités païennes, Donat, transportant son disciple sur les hauts sommets de la théologie catholique, lui manifesta, d'après les lumières de la foi, l'ordre surnaturel auquel la munificence de Dieu nous a élevés gratuitement et sans que nous y ayons aucun droit, déplorablement renversé au paradis terrestre par la désobéissance de nos premiers parents, et relevé immédiatement par la promesse du Messie que le souverain Créateur fit à Adam, et qu'il a renouvelée depuis aux Patriarches et aux Prophètes; il lui manifesta cet ordre, qui a pour principe la grâce, pour fruit le mérite surnaturel, et pour récompense la vision divine, mis en exercice, rétabli en fait, en vertu de la promesse primitive, et produisant, par anticipation, des effets ininterrompus et réels, bien que dans une mesure restreinte, jusqu'à l'époque, précisée par le prophète Daniel, où cette merveilleuse promesse reçut son accomplissement dans le bourg de Bethléem. Avec quelle pieuse admiration Eulalie entendit son maître lui raconter le message porté à la Très Sainte Vierge par l'ange Gabriel, l'adhésion de celle-ci à ce message, la conception du Verbe éternel dans ses entrailles par l'opération du Saint-Esprit, et la visite qu'elle rendit à Élisabeth sa cousine et la mère de saint Jean-Baptiste, selon l'inspiration de Dieu ! Comme sa piété dut s'attendrir en apprenant, par la suite du récit, la naissance du Divin Enfant au milieu des ombres de la nuit, et sa mise dans l'humble Crèche, et l'apparition de l'Ange dans les cieux, et les concerts angéliques, et l'adoration des bergers accourus pour offrir au nouveau-né l'hommage ému de leur reconnaissance ! Et lorsqu'elle ouvrit ses oreilles charmées à l'histoire des Rois Mages, attirés à Bethléem par la nouvelle étoile qu'ils avaient vue en Orient, quel ne fut pas son bonheur en déposant avec eux aux pieds de Jésus Rédempteur l'encens de sa prière, la myrrhe de sa mortification et l'or de sa charité ardente ? Puis, les ordres barbares d'Hérode transmis à ses soldats, le massacre des enfants de Bethléem, et les sanglots de leurs mères, entremêlés des cris de fureur des bourreaux, la fuite précipitée de la Sainte Famille en Égypte, et le dur exil qu'elle y supporta : tels sont les évènements que Donat expliqua à son élève, en la remplissant d'une amère douleur.

A son retour d'Égypte, qui s'effectua après vingt-quatre mois, Jésus avait inauguré dans le bourg de Nazareth, pour la continuer jusqu'à sa trentième année, cette vie de labeur et de prière, de patience et de résignation, de douceur, d'humilité et d'obéissance, où Eulalie allait sans cesse chercher des sujets d'édification, en parcourant les Saints Livres ; et quand, sortant de sa retraite, il se mit à parcourir le pays depuis Nazareth jusqu'à Jérusalem, et depuis Jérusalem jusqu'à Nazareth, enseignant, prêchant et semant des miracles sur tous ses pas, est-ce que sa fille chérie ne le suivit pas, par l'esprit et par le cœur, durant toutes ses pérégrinations, prenant sa part de ses insuccès ou de ses triomphes, à l'exemple des femmes dévotes de la Galilée ? A la fin de sa vie publique si éprouvée, et qui dura trois ans, le Divin Maître voit son étoile pâlir et sa fortune sombrer ! Trahi par Judas, saisi, garrotté et traîné devant Caïphe, accusé, interrogé et condamné à mort, conspué, souffleté, frappé, flagellé et couronné d'épines, il meurt sur une croix, sous le poids de la justice divine et de la réprobation publique, entre deux scélérats, conformément à la prédiction du Prophète. Toutes ces scènes, étudiées dans l'Évangile ou commentées par son précepteur, plongent Eulalie dans un océan d'amertume, d'où elle ne sort, sous l'impression d'une allégresse angélique, qu'en se rendant compte, d'après les saints Évangiles, de la Résurrection du Sauveur, de ses apparitions à ses disciples, de son Ascension et de la descente du Saint-Esprit, qu'il envoya aux Apôtres suivant sa promesse.

Peu après, elle se lance, avec eux et leurs successeurs, à la conquête du monde, en prenant pour guides les Actes des Apôtres et des Martyrs, avec l'histoire de l'établissement du Christianisme dans les trois premiers siècles. C'est alors que Donat, en mettant sous ses yeux les Épîtres savantes de saint Pierre et de saint Paul, l'initie aux éléments de la morale, du dogme et de l'apologétique. Il put croire, dès lors, sa tâche achevée ; d'autant plus qu'il avait mené de front l'éducation de son élève avec son instruction religieuse.

L'éducation d'Eulalie et ses vœux

Vous vous rendez compte, Mes très chers Frères, des deux œuvres qui concourent à la formation de l'homme et le préparent à remplir sa destinée ; vous vous rendez compte de la nature et des avantages spéciaux de l'instruction et de l'éducation. Si l'instruction se rapporte à l'intelligence, l'éducation ne vise-t-elle pas le cœur ? et si la première se propose de nous inculquer la vérité, la science, la seconde n'a-t-elle pas pour but de faire de nous des êtres attachés à la pratique de la vertu ? Ces simples aperçus sont suffisants pour établir la prééminence de l'éducation sur l'instruction, puisque la vertu est préférable à la science et l'homme vertueux à l'homme savant. Mais n'est-ce pas un crime de séparer ces deux grands ressorts du perfectionnement humain au lieu de les unir dans de convenables proportions ? L'instruction seule est impuissante à nous moraliser, à nous maintenir dans les rapports réguliers avec notre fin, en nous retenant dans le devoir. D'autre part, l'éducation ne produit-elle pas de meilleurs effets sur le théâtre où son action s'exerce en des sujets dont l'instruction a développé les nobles facultés et les talents ? Heureux les parents dont la sagesse combine l'instruction avec l'éducation, pour élever chrétiennement leurs enfants! Heureux les enfants dont les parents font preuve vis-à-vis d'eux, sur ce point, de tant de droiture et de bon sens! Sont-ils rares, cependant, les parents qui sacrifient l'éducation à l'instruction, et ne paraissent pas satisfaits, alors même que leurs enfants brillent plus par le savoir que par l'honnêteté? Quel est le résultat ordinaire d'un tel dérèglement d'esprit? Les parents auxquels je fais allusion ne sont-ils pas souvent rassasiés d'amertume et d'opprobre par ceux dont ils avaient le droit d'attendre le bonheur et la gloire, au lieu que les enfants élevés par leurs parents dans les pures maximes de l'Évangile les couronnent, dans la plupart des cas, d'allégresse et d'un juste renom? Honneur à ces derniers, parce qu'ils font valoir la bonne semence jetée dans leurs âmes! Honneur à leurs parents, parce qu'ils ont mieux aimé, en ce qui concerne la culture intellectuelle et morale de ceux à qui ils ont donné le jour, se soumettre aux préceptes de Jésus-Christ qu'aux pernicieuses maximes du siècle et à l'égarement de l'opinion. Honneur aux uns comme aux autres, et puissent-ils trouver de nombreux imitateurs!

Les parents d'Eulalie appartenaient à cette élite de chrétiens, soucieux avant tout de veiller sur l'innocence baptismale de leurs enfants. Fortifiés par le prêtre Donat dans cette louable disposition, ils se gardèrent de confier leur fille à des mains suspectes, ni ne laissèrent approcher d'elle aucune enfant de son âge qui n'offrit de sérieuses garanties de moralité. Faute de ces précautions, que d'enfants perdent prématurément le trésor le plus précieux de leur âme, et contractent une malice ou des habitudes coupables dont ils ne soupçonnent pas d'abord la gravité! Parents chrétiens, tenez-vous pour avertis! Il me revient d'ailleurs que le danger que je signale à votre tendresse paternelle et maternelle n'est pas moins fréquent dans les villes que dans les campagnes; et ce fait ne doit-il pas être imputé à la démoralisation plus précoce et plus générale dans l'enfance et la domesticité des agglomérations considérables que dans celles des communes moins grandes? Quant à Eulalie, elle n'eut, grâce à la vigilance de ses parents et de son maître, d'autre amie intime qu'une fille nommée Julie, aussi bien douée qu'elle, et dont la préservation avait été l'objet des mêmes soins. Comme elles aimaient à se rencontrer et à prendre leurs récréations ensemble! ce qui avait lieu sans dommage pour leur innocence, et avec profit pour leur piété réciproque; tant il est vrai que les bonnes qualités, non moins que les qualités contraires, se communiquent d'une âme à l'autre par l'effet d'une sympathie rationnellement explicable.

Si, en croissant en âge, Eulalie, en raison de notre nature gâtée par le péché originel, manifesta quelque tendance plus ou moins incorrecte, une inclination moins généreuse, moins parfaite, on lui apprit à n'y point céder. A la vérité, il n'y eut ni vice, ni défaut accentué à combattre en un naturel aussi exquis que celui de cette enfant chérie du ciel. Elle avait la docilité, la première qualité d'un disciple envers son maître, avec la promptitude à suivre ses conseils, qui est la seconde; elle se distinguait également par une admirable constance à marcher dans la voie où son libre choix et les exhortations de ses directeurs l'avaient engagée. Jamais elle ne recula dans cette voie droite; elle n'en dévia non plus jamais; en sorte qu'elle opérait des ascensions nouvelles, chaque jour, vers les sommets resplendissants de la sainteté. Il semblait qu'elle n'avait pas hérité des tristes conséquences de la faute de notre premier père, puisqu'en marquant une répugnance foncière pour le mal elle montrait un goût si prononcé pour le bien. Elle n'aimait ni les spectacles et les plaisirs du monde, ni les recherches du luxe et de la parure, ni les commodités d'une vie succulente et agréable. La prière et la méditation, les exercices de la religion et de la pénitence, la communion fréquente et à peu près quotidienne, la lecture des Livres Saints et les conversations solides, tels étaient les les moyens de salut auxquels elle avait recours, pour correspondre de plus en plus à la grâce divine. C'étaient des exemples d'humilité, de douceur, de patience, de bonté, de compassion et de charité, qu'elle donnait, sans discontinuité.

Mais parmi les vertus qui la captivèrent par leurs charmes, il y en eut une qui lui inspira tant d'estime et de tendresse, que ni les illusions de l'enfance, ni l'éclat des dignités et des richesses, ni la perspective d'un brillant avenir, ne purent la dissuader de se lier à elle par un vœu irrévocable, lorsque dans un mouvement de dévotion fervente, elle s'écria : « O mon aimable Jésus, je me consacre entièrement à vous, avec mon esprit, mon intelligence, ma raison, mon cœur, ma volonté et mon imagination ; avec tout ce que je suis et tout ce que je possède. Agréez, cher Époux, la consécration que je vous fais de mon corps et de mon âme ; je suis à vous comme vous êtes à moi, sans retour ! » Elle ne tarda pas de joindre à ce vœu de virginité ou de chasteté perpétuelle un autre plus radical, plus méritoire, le vœu d'affronter le martyre, à la prochaine persécution.

.Vous savez, MES TRÈS CHERS FRÈRES, qu'en reconnaissance du peu que nous faisons en son honneur et pour sa gloire, le bon Dieu nous augmente la grâce sanctifiante dans la mesure où nous en tirons parti pour surmonter les tentations et les imperfections dont nous sommes assiégés, ou pour nous acquitter ponctuellement des devoirs qui nous sont prescrits. Nous avons la preuve de cet enseignement dans la parabole de l'évangile de saint Luc, où le négociant qui, au moyen d'une pièce de monnaie, en a gagné dix de la même valeur, est récompensé de ce fait par l'administration de dix cités, tandis que l'homme de négoce qui, par l'intermédiaire d'une pièce d'argent ou d'or, en a acquis cinq autres d'une valeur égale, est préposé, à titre de récompense, au gouvernement de cinq villes. Mais quel est le sort réservé à l'homme d'affaires qui a négligé de placer à la banque ses fonds, son capital? N'est-il pas précipité, à cause de sa paresse flagrante, dans la prison ténébreuse où l'on n'entend que des sanglots et des grincements de dents? Vous savez aussi que pas une goutte de la grâce divine, soit qu'elle soit rémunératrice ou simplement gratuite, ne demeure en nous inféconde si nous lui prêtons le concours de notre volonté. C'est à la clarté des grâces dont Dieu la comble, en récompense de ses mérites, qu'Eulalie entrevoit le néant de ses privations et de ses sacrifices, comparés aux privations, aux sacrifices et aux tourments que son Époux Jésus-Christ a supportés durant sa vie et à sa mort sur la croix du Golgotha. « Qu'est-ce donc, se dit-elle, que la chasteté dont j'ai fait vœu, sinon la mortification perpétuelle des sens? Mais la destruction des sens par la mort acceptée avec résignation constitue une épreuve bien autrement redoutée! D'un autre côté, la vie de pénitence conforme à mon vœu de chasteté ne comporte-t-elle pas des douceurs, la douceur de voir et d'entendre, la douceur de respirer, de se nourrir, la douceur de travailler et de se reposer, avec d'autres douceurs fort appréciables? Et je croirais pouvoir compenser, sans renoncer à ces douceurs, par une mort saintement ambitionnée, une fin aussi ignominieuse et lamentable que celle que vous avez soufferte sur la croix, ô mon céleste Époux Jésus-Christ? Non, une telle compensation n'est pas possible, et c'est pour ce motif que je veux, ô Jésus, affronter le martyre, pourvu que sur ce point votre volonté s'accorde avec la mienne. Je souhaite d'être martyrisée, non après un long délai, mais tout à l'heure ; non en servant les pestiférés et les lépreux, qui vous représentent si bien sur la terre, mais en rendant témoignage, par ma mort, à vous-même, à la divinité de votre religion et de votre personne. Je veux endurer le martyre, ô cher et divin Rédempteur, en reproduisant quelques traits du supplice que vous avez subi au Calvaire. Que je sois saisie, traduite devant les juges, faussement accusée et condamnée à mort comme vous ; et qu'à votre exemple, flagellée, déchirée et meurtrie, je répande tout mon sang avant de rendre mon âme à Dieu. C'est le vœu que je forme au plus profond de mon âme et que je vous prie d'exaucer ! »

Martyre de Sainte Eulalie

Nous avons dit, il y a un instant, que la propagation merveilleuse du Christianisme dans le monde entier, en dépit des obstacles matériels et moraux de toute sorte, constitue une preuve de sa divinité et de la divinité de son Fondateur. Combien une telle preuve ne ressort-elle pas davantage des persécutions auxquelles cette Religion a été en butte dans les premiers siècles, et qu'elle a réussi à vaincre jusqu'à s'asseoir sur le trône des Césars ! Avant Constantin, qui le premier donna un édit de tolérance à l'Église, l'on compte treize au moins de ces persécutions, les unes aussi redoutables que les autres par l'imperturbable cruauté des juges et la férocité des bourreaux, non moins que par la variété et l'horreur des supplices infligés aux chrétiens. Les préteurs n'épargnaient ni l'enfance, ni la vieillesse, ni la condition des inculpés, quelque digne de commisération qu'elle fût, et les exécuteurs de leurs sentences s'ingéniaient à faire périr les condamnés par les tourments où la barbarie la plus infernale et la plus raffinée semblait avoir épuisé toutes ses inventions. On en décapitait quelques-uns ; l'on arrachait à d'autres, par des peignes de fer ou d'acier, les ongles des doigts et des pieds, les yeux, les oreilles, et les dents, et la langue, et la peau, et la chair ; tandis que des milliers d'entr'eux étaient rôtis en des chaudières bouillantes et sur des grils rougis au feu, ou jetés en proie à la voracité des lions et des tigres, dans les amphithéâtres, au bruit des acclamations et des applaudissements des spectateurs ? Ne pourrait-on pas comparer des persécutions si funestes aux épidémies, aux tremblements de terre, aux inondations et aux incendies, à tous les fléaux réunis qui s'abattraient sur un pays, à des intervalles rapprochés, pour en détruire les habitants? Quand l'une de ces persécutions avait cessé ou devenait moins intense, une autre lui succédait de suite, ou la même se ranimait avec fureur. C'étaient des scènes de carnage qui suivaient d'autres scènes de carnage à peine interrompues, et ces massacres durèrent trois cents ans! Si l'Église avait été l'œuvre d'un homme, aurait-elle résisté à des attaques aussi terribles que prolongées? et puisqu'elle y a puisé une énergie et une vitalité croissantes, ne doit-on pas en conclure qu'elle a été soutenue, protégée contre ses adversaires par la main toute-puissante de son divin fondateur, Jésus-Christ?

La treizième persécution était imminente à l'époque où Eulalie souhaita, avec tant d'ardeur, d'être martyrisée. Bientôt la nouvelle se répand que Calpurnius, l'agent que les empereurs Dioclétien et Maxime ont choisi pour exécuter leurs ordres cruels, est arrivé dans la cité espagnole de Mérida. Incontinent les chrétiens se préparent à la lutte par la prière, les jeûnes et la lecture des vies des Saints Martyrs, si propre à inspirer les résolutions les plus courageuses dans les temps d'épreuve et d'affliction. La fille de Libère se distinguait, au milieu de ses compagnes, par son enthousiasme religieux. Celui-ci, malgré son esprit de foi, redoutant pour son enfant plus que pour lui-même une fin prématurée, quoique belle devant Dieu, envoya Eulalie, avec quelques serviteurs et sous la haute direction du pieux prêtre Félix, dans une maison de campagne qu'il possédait à six lieues de la ville, pour y attendre l'issue de la persécution.

Elle ne fut pas longtemps sans ressentir un ennui intolérable dans la solitude où son père avait espéré qu'elle aurait trouvé la tranquillité. Son esprit la transportait sans cesse parmi les chrétiens de Mérida, qu'elle se représente, dans les prisons, ou devant les juges, ou livrés aux bourreaux, tandis qu'elle voit affluer auprès d'elle toutes les recherches du luxe et toutes les commodités de la vie. Eh quoi! se disait-elle, je nagerais dans les délices, au lieu que mes frères et mes sœurs en Jésus-Christ meurent, chaque jour, pour leur foi! Est-ce que la reine Esther n'affronta pas la mort pour préserver le peuple d'Israël d'une entière destruction? Est-ce que l'héroïque Judith ne courut pas également au devant de la mort pour arracher son pays aux horreurs du pillage et de la faim? Et je craindrais de marcher sur leurs traces, sur les traces de saint Étienne, martyr, de sainte Agnès, martyre, et de tant d'autres martyrs? Non! J'irai, avec la permission présumée de mon père, et sous l'impulsion du Saint-Esprit, solliciter une audience de Calpurnius et lui dire : « Donnez-moi la mort, mais laissez vivre en paix les chrétiens, mes frères en Jésus-Christ ! »

Ce jour-là même, dans la soirée, avec Julie, sa compagne, qui l'avait suivie dans sa retraite, et qui devait partager son glorieux martyre, Eulalie entreprend un voyage à Mérida qu'elle recommande à Dieu, à la Très Sainte Vierge et à son Ange Gardien. Rien ne fut capable de l'arrêter, ni la nuit sombre, ni la longueur et les difficultés des chemins, ni les mille bruits, que l'on entend, au milieu des ténèbres, dans l'épaisseur des forêts ; et quand le lendemain, elle fut admise à l'audience de Calpurnius, elle l'interpella en ces termes : « Pourquoi êtes-vous venu mettre le trouble dans une ville en majeure partie chrétienne, et persécuter des gens inoffensifs, qui n'ont d'autre but que de confesser Jésus-Christ, le Fils de Dieu et le Rédempteur des hommes ? » — « Petite enfant, lui répond Calpurnius, sais-tu que je suis le délégué des empereurs Dioclétien et Maxime, et que j'ai la faculté de te laisser ou de t'ôter la vie, suivant que tu renonceras ou non au culte du Crucifié. » — « Je n'ignore pas, lui répond Eulalie, vos titres et l'autorité dont vous êtes revêtu ; je sais aussi que je ne suis pas grande, car je n'ai pas treize ans révolus ; n'espérez pas néanmoins me contraindre à renier le Dieu que j'adore et que j'aime, et qui est mort pour moi sur la croix. »

Voyant qu'il a affaire à un caractère énergique, Calpurnius se décide à substituer aux menaces le langage de la persuasion.

« Tu t'imagines, peut-être, dit-il à la fille de Libère, que je ne souhaite rien tant que le malheur de ton père et le tien ; détrompe-toi. Abjure ta vaine superstition, et tu rendras ton père heureux en sauvant ta vie. Si tu t'obstines au contraire dans la superstition à laquelle tu sembles vouée, tu cours à ta perte avec ton père que le chagrin de te survivre précipitera dans le tombeau ! » — « Calpurnius, lui riposte la courageuse jeune fille, si je suis fidèle au Christ en dépit de tous les dangers, mon père en tressaillera d'allégresse ; mais c'est mon apostasie, si j'y tombais pour mon malheur, qui ferait mourir mon père sous le poids de la honte et de la douleur ! »

Calpurnius, dissimulant la perfidie de ses attaques sous le voile d'un intérêt hypocrite, lui répliqua : « Songe, mon enfant, songe aux richesses, aux honneurs et aux dignités qui t'attendent ; songe à l'époux princier ou royal dont je te promets la main, pourvu que tu brûles un grain d'encens en l'honneur des Césars et des dieux immortels ! » — « Je méprise vos dieux, répartit le généreux confesseur de la foi, ces dieux muets, immobiles et sans vie, je les méprise, comme je méprise vos Empereurs qui ne rougissent pas de se prosterner à leurs pieds ; et je ne méprise pas moins les avantages que vous m'offrez et tous ceux que vous pourriez m'offrir. Je n'estime, je ne révère que Jésus crucifié. Vive Jésus et vive sa Croix ! — « Soldats, s'écrie Calpurnius, frappez de verges cette orgueilleuse avec une dureté égale à la grandeur des blasphèmes qu'elle n'a pas craint de proférer. »

Sur-le-champ, ces hommes aussi vigoureux qu'impitoyables et aussi impitoyables que dénués de tout sentiment religieux, s'acharnent, avec des verges flexibles et trempées dans l'eau, sur la noble chrétienne, dont ils couvrent le corps d'ecchymoses, de plaies et de sang. Un traitement aussi barbare, loin de l'amener à résipiscence, n'a d'autre effet que de l'affermir dans ses pieuses convictions. On le vit bien, lorsque les soldats de Calpurnius l'ayant reconduite auprès de leur maître, elle lui tint ce ferme langage :

« Soyez persuadé, Calpurnius, qu'ayant tout pouvoir sur mon corps, vous êtes désarmé vis-à-vis de mon âme, toujours invariablement et librement assujettie, après ainsi qu'avant ma flagellation, à la puissance de Dieu le Père, qui a tout créé, étant incréé lui-même, à la puissance de Dieu le Fils, que son Père engendre éternellement, en lui communiquant tout son être, et qui nous a rachetés, en tant qu'Homme-Dieu dans le temps ; comme aussi elle est assujettie volontairement à la puissance du Saint-Esprit, qui procède des personnes divines du Fils et du Père, en leur empruntant tous leurs attributs divins, intégralement.» — « Soldats, s'écrie de nouveau le commissaire impérial, amenez-la , dans la prison humide et froide, que vous connaissez, pour qu'elle y passe la nuit. »

Les martyrologes ne nous apprennent pas si elle s'y trouva seule ou en compagnie de criminels de droit commun. Dans le premier cas, l'horreur de l'obscur cachot où elle est enfermée, le passé qui s'effondre devant son esprit, comme un brillant rêve, et l'avenir, qui se montre à ses yeux sous les plus noires couleurs, la remplissent de trouble ; dans le second, combien son âme pure et son tempérament délicat ne durent-ils pas être froissés, en face de gens chargés de méfaits, et qui exhalent autour d'eux l'odeur nauséabonde de leurs personnes sordides et de leurs vêtements déguenillés. Dieu, qu'elle ne cessa d'invoquer durant les longues heures de la nuit, l'aida à surmonter toutes ses souffrances physiques et morales, sans défaillir.

Au point du jour, les agents commis à ce soin ramènent la prisonnière dans la place principale de Mérida, où Calpurnius siégeait déjà sur son tribunal, environné des représentants de l'armée, des magistrats civils et des notables païens de la cité. Des instruments de torture, rangés dans un coin de l'estrade, lançaient des éclairs de tout côté. Ces engins et cette pompe des circonstances solennelles n'avaient d'autre but que d'assurer le triomphe du prestige impérial sur une enfant chétive et destituée de tout secours. Calpurnius lui posa cette simple question : « Vous décidez-vous à obéir aux empereurs et aux dieux, qui les couvrent de leur protection? » Elle lui répond par ce seul mot : « Je n'obéis qu'à Dieu. » Au même instant le cruel persécuteur commande de lui renouveler l'épreuve redoutable des verges. Maniées avec autant de force et d'adresse que la veille par les séides de Calpurnius, elles ravivent les blessures encore saignantes de la douce victime, et lui en occasionnent de nouvelles, de façon à ne former plus bientôt de son corps qu'une plaie béante, qui répand le sang par tous les pores à la fois. Peu après, en exécution des ordres reçus, les bourreaux jettent sur elle de l'huile bouillante, non sans blesser son amour exquis de la pureté; ensuite, ils la plongent dans une chaudière pleine d'un mélange d'eau et de chaux incandescent, et enfin, ils versent du plomb fondu sur tout son corps, absolument comme s'il n'était qu'une statue de bois, de pierre ou d'acier.

A quoi pensiez-vous, chère Eulalie, pendant que l'on vous infligeait ces divers supplices tour à tour? le supplice de la flagellation, le supplice de l'huile bouillante, le supplice de l'eau et de la chaux mélangées, avec le supplice du plomb, qu'une chaleur intense a mis en ébullition?

A quoi pensiez-vous, durant cet intervalle, et quels étaient alors les sentiments les plus intimes de votre cœur? Vous ne vous livriez pas aux récriminations amères; vous n'appeliez pas non plus la vengeance divine sur ceux qui violaient si indignement envers vous les lois de l'humanité. Vous imitiez par esprit de foi le silence résigné de la brebis que l'on tond et de l'agneau que l'on porte à la boucherie. Vous vous représentiez les joies célestes réservées à ceux qui souffrent pour la justice, afin de vous exhorter à la patience, ou les feux inexorables de l'enfer, en priant Dieu de les épargner à vos persécuteurs. Vous disiez à Jésus, dans l'angoisse de votre âme : O mon divin Rédempteur, acceptez les peines que j'endure comme une faible compensation des vôtres ; comme des mérites infiniment disproportionnés à votre gloire, et à titre d'intercession, en faveur des ennemis de votre saint nom !

Pouvons-nous croire que Calpurnius, touché de l'état pitoyable auquel il a réduit sa victime, va la laisser désormais tranquille, pour ne point hâter, par de nouvelles tortures, une mort qui ne saurait tarder de venir ? Connaissons mieux les dispositions intérieures, la mentalité de l'agent attitré de la persécution païenne. Ayant remarqué que les mauvais traitements, les violences auxquelles elle a été en butte, n'ont pas imprimé suivant son gré, sur le visage de la Vierge Martyre, une altération assez accusée n assez profonde, il en conçoit une irritation, une colère et un désir de vengeance, qui réclament une satisfaction suprême. « Soldats, dit-il aux gardes placés sous ses ordres, traînez-la hors la ville et mettez-la sur le chevalet. » Imaginez un instrument de supplice, auquel le patient est attaché par les mains et les pieds, si étroitement qu'il ne peut se remuer et que parfois ses nerfs et ses os se brisent ou se luxent, sous l'étreinte d'une corde ou d'une chaîne de fer. C'est là dessus que la pieuse imitatrice de sainte Agnès est étendue, et qu'après lui avoir arraché les ongles avec des peignes de fer, on lui applique, sur les côtes, des torches enflammées. Sa peau se noircit, ses chairs suintent et tombent par parcelles, et ses os se liquéfient, à l'instar d'un gibier que l'on rôtit au four. Sentant ses forces décroître et sa fin approcher, elle se proposa de donner aux spectateurs, massés autour du chevalet, un gage de sa constance dans la foi, à Dieu une preuve de sa confiance, à Calpurnius une marque du désir qu'elle avait de l'attirer à Jésus-Christ. « Calpurnius, lui dit-elle d'une voix touchante, regardez-moi bien, afin que vous puissiez me reconnaître au dernier jugement, quand nous y comparaîtrons, moi, pour être rémunérée de mes souffrances, vous, pour recevoir le prix de vos cruautés. » L'homme sec et dur qui présidait, à cette époque, aux exécutions capitales ordonnées contre les chrétiens de Mérida ne trahit pas la moindre émotion en entendant ces paroles ; mais plusieurs parmi les païens, qui avaient suivi d'un œil attentif les diverses péripéties d'un drame aussi terrible, furent touchés jusqu'aux larmes. Que font les bourreaux ? Indignés non moins que surpris de ce résultat inattendu de leurs hautes œuvres, ils couvrent de charbons ardents l'héroïque jeune fille, et elle, pour apaiser sa soif brûlante du martyre, ou plutôt, pour aller rejoindre dans le plus bref délai son royal Époux dans l'éternel royaume, elle ouvre sa bouche toute grande et en aspire la flamme. Elle meurt, et les assistants crurent voir, d'après la légende, son âme s'envoler au ciel, sous la forme d'une colombe.

O père fortuné de la bienheureuse Eulalie, vous qui aviez espéré dérober aux fureurs de la persécution votre chère enfant, en l'envoyant dans une maison de campagne située assez loin de la ville, ne pleurez pas ; votre enfant n'est pas morte, elle vit au ciel, et elle y vivra toujours.

C'était le dessein de Calpurnius de tenir exposée, pendant trois jours, la dépouille mortelle de la Vierge Martyre, sans la laver de la couche épaisse de poussière, de sueur et de sang, qui la couvrait depuis la tête jusqu'aux pieds, et cet outrage posthume devait, suivant ses calculs, avoir pour effet d'inspirer aux chrétiens une terreur salutaire, comme aussi de donner à la persécution dirigée contre eux la plus éclatante notoriété. Mais la neige qui tomba abondamment la nuit suivante, après avoir rendu à cette dépouille sa netteté et sa blancheur naturelles, la revêtit d'une beauté surnaturelle capable d'opérer des conversions. Trompé dans ses prévisions, Calpurnius s'empressa de la soustraire aux regards du public.

Plus tard, quand les beaux jours de la paix religieuse eurent lui sur l'Église, la ville de Mérida fit à la plus illustre de ses enfants les obsèques les plus solennelles, et depuis, pendant des siècles, elle ne cessa de l'honorer par les démonstrations de la plus fervente piété. Je ne dirai pas à la suite de quels évènements ses restes précieux furent transportés à Oviedo, la capitale des Asturies, située à seize kilomètres de la mer, où ils sont l'objet de la confiance universelle dans les temps ordinaires, et spécialement dans les malheurs publics. Oviedo, c'est sans doute à votre culte traditionnel pour les reliques de cette vierge martyre que vous devez le renom de foi et d'honneur dont vous jouissez dans la catholique Espagne ; soyez fidèle à un culte si justifié, pour demeurer fidèle à votre Religion.

Et vous, Vierge très pure, dont nous avons entendu raconter la vie sans tache et la mort saintement héroïque, du haut du ciel où vous régnez avec Jésus-Christ, obtenez à cette paroisse, qui se

glorifie de vous avoir pour Patronne, des parents aussi soucieux
que les vôtres de veiller sur l'âme de leurs enfants et de leur pro-
curer des maîtres consciencieux, qui fassent de la Religion la règle
fondamentale de leur enseignement scientifique et moral ; obtenez
encore aux parents et aux maîtres des enfants qui les récompensent
de leur dévouement affectueux par des succès de toute sorte et par
la régularité de leurs mœurs. Vous voyez, bienheureuse Eulalie, à
quelles extrémités sont réduites vos compagnes, vos Sœurs de
France, les unes proscrites, les autres expulsées de leurs asiles ou
traînées devant les tribunaux, dans leur propre pays ! toutes con-
damnées, par la loi, à briser bientôt leur carrière de prédilection
et de choix ; délivrez-les de l'épreuve douloureuse qu'elles traver-
sent, et conduisez-les par la main, après le pèlerinage de cette vie,
au séjour de l'éternel repos et de l'éternelle félicité !

Ainsi soit-il.

L'Abbé LARRE, Aumônier.

Imprimi potest :

Baionæ, die 15 Aprilis 1904.

DIHARCE, vic. cap.